Alfred Babiken Lepère

LES CRIS POÉTIQUES

Alfred Babiken Lepère

LES CRIS POÉTIQUES

Vers la vie en envers d'Alfred Lepère

Éditions Muse

Imprint

Any brand names and product names mentioned in this book are subject to trademark, brand or patent protection and are trademarks or registered trademarks of their respective holders. The use of brand names, product names, common names, trade names, product descriptions etc. even without a particular marking in this work is in no way to be construed to mean that such names may be regarded as unrestricted in respect of trademark and brand protection legislation and could thus be used by anyone.

Cover image: www.ingimage.com

Publisher:
Éditions Muse
is a trademark of
Dodo Books Indian Ocean Ltd. and OmniScriptum S.R.L publishing group

120 High Road, East Finchley, London, N2 9ED, United Kingdom
Str. Armeneasca 28/1, office 1, Chisinau MD-2012, Republic of Moldova, Europe
Printed at: see last page
ISBN: 978-620-4-97123-0

Copyright © Alfred Babiken Lepère
Copyright © 2023 Dodo Books Indian Ocean Ltd. and OmniScriptum S.R.L publishing group

Alfred Babiken Lepère

LES CRIS POÉTIQUES

Vers la vie en envers d'Alfred Lepère

PRÉAMBULE

" les cris poétiques" semblables à ces cris d'un bébé dans son berceau, ses cris innocents, sa nature angélique et qui ne connait encore rien du mal en rapport avec le monde. Ce travail acharné se fourni à la base de plusieurs thèmes qui témoignent les cris poétiques d'un poète, d'un plaidant de sa nation. Cet ouvrage reprend les thèmes ci-après :

1. *L'homme et la nature, son entourage et ses défis qui relèvent du travail ;*
2. *L'homme est ses sentiments d'amour et d'amitié ;*
3. *L'homme et ses relations en communauté, le principal meneur de la satire ;*
4. *L'homme et ses relations avec les morts , la mort chemin de tous !*
5. *L'homme et la divinité ;*
6. *Un poète, un homme à meilleure vocation et parle pour la paix .*

Avec lesquels les lecteurs sont appelés à rafraîchir leurs mémoires et leurs curiosités linguistiques.

L'auteur

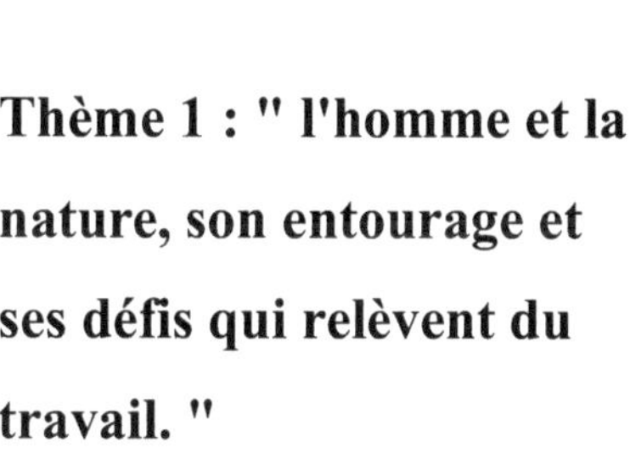

Thème 1 : " l'homme et la nature, son entourage et ses défis qui relèvent du travail. "

Évidemment, pour bien palier à ses problèmes d'une manière durable, Dieu metta l'homme à la responsabilité de la nature et tout ce qui s'y trouve. L'homme est aux toits de celle-ci, il lui a été confié le pouvoir de dominer sur les eaux, sur les animaux... Bref sur la nature. Et voilà que l'auteur Alfred Babiken Lepère nous prouve en suffisance la beauté de l'homme en image de la nature et ses travaux.

" Il est si puissant porte-bonheur

Succès, or, sont nuls qu'ils ne l'équivaillent ,

Je ne le vante pas, je soulève son honneur

Cet homme fervent, qui se nomme travail. "

DE LOIN OU DE PRÈS

Je vois les anges descendre, la poussière monter ;
Je ne vois que du cendre, les sorcières chanter ;,
Les pleurs se récoltent où ils étaient plantés ;
Les larmes coulent où elles étaient stockées ;
D'où vient la consolation, de loin ou de près !

J'entends les arbres crier, crier sans pitié ;
Je ressens mon âme se lamenter, nue à moitié ;
Les fleurs se déshabillent de leurs épines ;
Nos cœurs déçus, corrompus, trépignent ;
D'où vient la consolation, de loin ou de près !

Je vois mes amis se révolter contre moi ;
Ils peuvent mieux faire, vivre sans moi ;,
Et si personne ne peut caresser ma foi ;,
Et si je serai vivant et mort à la fois ;,
D'où vient la consolation, de loin ou de près !

Même si les fleuves cessent de couler ;

De même si le monde arrête de tourner ;

Où toute fois si tout corps cessent de rouler ;

Où même si en moi Dieu parvient à séjourner ;

D'aucune part viendra ma consolation

Sauf en moi-même.

CETTE AFFAIRE

Pas pour d'homme, femme, cette affaire ;

Ici, même les oiseaux tendent à se taire.

Elle est dure et mauvaise cette affaire;

Mieux vaut mourir que de vivre cet enfer.

De là, les femmes viennent par-dessus le pont ;

Visages disant quelques choses, quelques mots.

Hautes sont leurs pensées, hautes comme les monts;

C'est vraiment pitoyable cette vie à multiple maux...

D'ici les hommes fatigués ne font que fumer ;

La nature redevient muette, au dessus la fumée.

Que donc pense Dieu à nous les humains...

Que pense le diable à nous mourants de demain !

De loin, les enfants pleurent leurs arrières ;

Ces femmes leurs maris, ces orphelins leurs mères.

Les ancêtres se taisent, peut-être ils en sont fières ;,

Nos cœurs saignent de sang, et tout redevient amer .

Pas pour l'homme, femme, cette affaire ;,

Ici, même les oiseaux tendent à se taire

Elle est dure et mauvaise cette affaire;

Mieux vaut mourir que de vivre cet enfer...

SA VRAIE VERSION

Parler de lui, partout songer à lui

Faire tout pour lui, confier tout à lui...

Je ne sais où le retrouver encore

Depuis longtemps il a quitté plusieurs corps.

Est-il mon père ou peut-être mon frère,

Sans pitié il a brisé plusieurs cœurs .

Oui je ne connais...
Sa vraie version j'arrive à comprendre.
Oui je le connais...
Mais je n'arrive pas à lui maitriser.
Le monde tourne autour de lui,
Ce qu'on voit maintenant, était vécu depuis.
Oui le monde tourne autour de lui-même,
Ce nous qui mourrons, lui fait sa route de même.
Oui le monde ne fait que sa translation,
Rien n'est neuf, plutôt que des répétitions.
Porter lui au cœur, ou soit au dos
Faire à lui un maquillage, qu'il soit tout beau,
Je partirai sans rien de ses biens,
Il est égoïste, il ne veut que recevoir.
Je profiterai pour un temps de son bien,
En fin, il finira par me décevoir .

Le monde tourne autour de lui
Ce qu'on voit maintenant, était vécu depuis.

Oui le monde tourne autour de lui-même,
Ce nous qui mourrons, lui fait sa route de même.
Oui le monde ne fait que sa translation,
Rien n'est neuf, plutôt que des répétitions.

LE DEROULER

Voilà le cieux voilé de tristesse,
Ici les arbres collés sans feuilles fraiches.
Par-ci la poussière, par-là la sécheresse,
L'air est lourd, rien d'oiseaux ne se dépêche.
Nous voici tous aux alentours de nos huttes,
Éloignés du feu, et loin de nos couvertures.
Qui sont ces petits éloquents qui chahutent...
Qui sont ces femmes qui s'agonisent, qui murmurent.

Maintenant les oiseaux ne chantent plus,
Et non plus le vent ne souffle,
Aucun ne se laisse ouvert pour être lu,
Car même les vaches sont assimilées aux buffles.

Tous devenons allergiques à toute puanteur,
Même les plus sales désirent être frais
Et blancs, telle cette poussière des craies ,
Malgré nos corps mouillés d'inévitable sueur...
Car c'est la saison sèche !

SUR LES EAUX

Lorsque les murmures et bruits de la ville
Ne nous viennent que dans l'esprit ,
L'on observe que la boussole et la pendule,
L'on entend que le clapotis de l'eau qui s'écrie.

Lorsque le bas devient de plus en plus liquide,
Et un temps après, l'horizon disparaît,
L'on se confie à Dieu, afin qu'il nous guide,
L'on est pris de blasphème, une fois la nuit apparait.

Au départ, la masse formait un agrégat,
Sans se connaître, voire s'être vus...

On ignore si ces connaissances feront dégât,
Car sur ces jolies, ils posent leurs vues.

Tel cela fait une joie au cœur,
Revoir des amours, ses frères et sœurs
Auxquels on a plus posé sa vue,
Dans le voyage à bateau, on aura tout vu !

HOMME À DÉCOUVRIR

Partant des idées antiques,
Sortant de ma mémoire sans critiques.
Ouvrant un fin chemin sans tactiques ,
Me menant à une vie fantastique.

Je ne parle plus à mes chaussures,
Plus à mes chemises, plus aux inanimés.
Il m'a changé, j'en suis sûr,
Cet homme, lequel je désire confirmer.

Il m'a enlevé du coin de sans espoirs
Jusqu'au terrain de détenant du pouvoir.
Pas trop des souvenirs de l'ancien couloir
Qui m'était un inévitable mouroir.
C'est un être invisible, abstrait ,
Malheur à vous qui voulez le découvrir,
Vous insister, vous en serez distraits ,
Et en agence, il ne cesse de me couvrir.

Et bien sans lui, infini désastre
À la terre, à la lune et autres astres.
Avec lui, homéostasie terrestre
Oui, il en est l'aimable chef d'orchestre.

Il est si puissant porte-bonheur
Succès, or , sont nuls qu'ils ne l'équivaillent ,
Je ne le vante pas, je soulève son honneur,
Cet homme fervent, qui se nomme travail.

Thème 2 : " l'homme et ses sentiments d'amour et d'amitié. "

" Aimez votre prochain comme vous vous aimez vous-même."

Plus grand commandement de Dieu. L'auteur ne s'en est pas épargné pour ne pas faire image d'un insensé face aux bienfaits et œuvres d'amour dans nos sociétés.

" Comme le flot d'eau de la mer ,
Mes pensées sont dispersées, sans issues,
Ainsi j'ignore d'où m'a tiré ma mère,
Alors j'ignore qui répare mon cœur déçu ! "

PARLEZ-MOI D'ANITA

Aucun souvenir arrive à brûler ma mémoire
Que le moment passé avec Anita...
Aucun plaisir rend ma vie aussi noire
Que le moment passé avec Anita.

Je suis affligé de t'avoir perdu ,
Et bien, je crois un jour te rejoindre.
J'ai trop pitié de cet amour suspendu,
Perdre Anita n'est pas vraiment moindre.

Me parler de la divinité, c'est bien ,
Mais parlez-moi d'Anita, pour apaiser mon cœur.
Oui, me parler de la science c'est mieux
Ajoutez aussi Anita, mes oreilles te seront ouvertes.

Anita, je ne sais où tu es parti,
J'aurais te chercher et revivre avec toi,
L'amour , tu n'as laissé qu'une petite partie ,
Et l'autre, tu m'as caché avec toi ...

Parlez-moi de sa voix me faisant sommeil ;

Parlez-moi de ses yeux flamboyant tel le soleil ;

Parlez-moi de sa beauté que tout homme enviait ;

De cette beauté qui craquait les jeunes, les vieux.

Ne me parlez pas de la beauté naturelle

Ou toute chose belle à voir ,

Parlez-moi d'Anita,

Ne me parlez que d'Anita !

CET AUTRE AMOUR

Et moi, cette femme que je cherchais

De midi à quatorze heure,

Pensant qu'elle sera la mienne

Même pendant la misère.

Et cette chaleur que l'on me prêchait

Pouvant atterir mon bonheur,

Me prend au cou, malgré je me démène

À m'en sortir toujours sain et sincère !

Toute question me paraît facile

Moins, me demander si j'ai une femme.

De même ma souffrance parait faciale,

Simple à savoir que mon coeur est en flamme !

Tout essais me parait possible,

Sauf, une autre fois me remarier...

Bien mon statut serait paisible,

Si j'aurai une autre pour me remanier !

Tout délice me parait savoureuse,

Mais pas goûter cet amour de nouveau...

Et si oui je trouverai une chanceuse,

J'abandonnai ma plume par défaut !,

Et moi, cette femme que je cherchais

De midi à quatorze heure,

Pensant qu'elle sera la mienne

Même pendant la misère.

Et cette chaleur que l'on me prêchait

Pouvant atterir mon bonheur,

Me prend au cou, malgré je me démène

À m'en sortir toujours sain et sincère !

SON SIMON

Si loin, au coin du cœur ;

S'écrie une voix d'amour.

Très loin mes frères, mes sœurs ,

Meurt le chef-d'œuvre du jour au jour.

Crient fort son pauvre Simon

Qui périt à mille mètre d'elle ,

Vers les pieds aigus des six monts,

Et que personne ne s'en mêle !

Si proche de la tombe vit une âme,

Mourant des mauvais esprits...

Sûrement proche Messieurs, Mesdames ;

Pleure a chaude larme un cœur pris,

Pris de la mélancolie et d'une petite folie,

Pris à perte d'adresse,

Pris de manque d'allégresse ,

Pris de la déception, la mort en question ...

Ce cœur priant son Simon ;

À lui tourne ton regard seigneur.

Vite il boit la mort, si non.

De grâce, fais le meilleur, et...

Guéris, guéris son Simon

ELLE ET MOI

Toute oreille veut entendre

D'où l'on vient, elle et moi.

Alors, laissez-moi vous surprendre :

Elle ne peut rien seule, seule sans moi .

Nous venons d'un trou où murissent les épines,

Les épines et les serpents de toute sorte .

On a bien souffert, après que le soleil nous calcine.

On a enduré, et nous voici à portes ouvertes !

Nous n'avions rien, pas même une aiguille

On a fait abstrait, on s'est mis au travail...

Et si a notre amour le diable s'appuye,

On ne cesse pas à nous remettre au rail .

Tout œil veut voir ;

Par où l'on finira elle et moi ...

Sachez que rien de brisera cet amour,

Rien, et rien donc, même la mort !

CE FLÉAU

Maman, maman !

Tu ne m'as jamais parlé de ce fléau ...

Ce fléau qui est :

Assassin,

Meurtrier,

Obscure,

Ultra dictateur,

Roi de morts.

Ce fléau qui à présent tue les jeunes,

Peu importe la race noire, blanche ou jaune.

Grand dictateur et nul ne l'échappe,

Il s'en fou de l'âge

Même les enfants il frappe,

Il s'en fou de la beauté

Même aux moches il s'attaque.

Maman, dis-moi :

Pourquoi tout dépend de lui ?

Maman, dis-moi :

Pourquoi ne vit-on que pour lui ?

Maman, dis-moi :

Pourquoi bonheur et malheur surviennent de lui ?

Maman, maman !

Renseignes-moi sur ce dangereux fléau !

DITES À FIDÈLE

Comme le flot d'eau de la mer

Mes pensées sont dispersées, sans issues,

Ainsi j'ignore d'où m'a tiré ma mère
Alors j'ignore qui répare mon cœur déçu.

Dites à Fidèle de mordre peu d'amour
Et penser à ce que je croquerai aussi un jour.
Dites à lui de bien garder ma colombe perdue
Car elle risque de me revenir un jour !

Mon cœur devient un corps irréparable,
Depuis son départ, avec l'amour suis en écart.
Elle que je croyais à moi inséparable,
Aujourd'hui, le petit Fidèle en tire sa part.

Ma colombe s'est envolée loin de sa cage,
Un homme l'a volé, un homme à poids lourds.
Mais je n'abandonne pas, ou tourner la page ,
Car à tout conseil je juge bien être sourd .

Dites à Fidèle de mordre peu d'amour
Et penser à ce que je croquerai aussi un jour.
Dites à lui de bien garder ma colombe perdue

Car elle risque de me revenir un jour !

Dites à Fidèle de vivre le sens de son nom;
Dites à Fidèle d'œuvrer bien, comme je le faisais ;
Dites à Fidèle que malgré tout, je ne suis pas con ;
Dites à Fidèle tout ceci, tout ce que je disais !

MA MÉLANIE

Sa voix retentit dans mes oreilles
Telle cette sirène de funérailles...
Elle crée un écho en mon tympa,
Elle est belle, trop belle, sa voix sympa !

Je ne l'ai point vu
Depuis une belle lurette, une décennie.
Pour elle je mourai pourvu
Que je réécoute cette voix, ma Mélanie !

Où était-elle partie donc ?
Chez un pauvre, ou un riche quelconque...
Où s'était-elle exilée alors ?
Qu'elle vienne, sa voix m'arrive de prime abord !

Sa voix retentit dans mes oreilles
Telle cette sirène de funérailles...
Angélique ou quoi, j'ignore sa nature,
Bien qu'en elle, j'ai subit la rature.
Magnifique ou quoi, j'oublie ses habitudes,
Elle ne m'aime plus, je le sais avec certitude.

Bien qu'elle m'a quitté, je le sais avec certitude.
Elle ne reviendra plus, je le sais avec certitude.
Elle a eu un autre, je le sais avec certitude.
Elle ne pense plus à moi, je le sais avec certitude !

MES REMORDS

Dans un miroir biface
J'observe mon intérieur qui se brûle.
Où aurai-je tiré cet audace
D'arrêter mes larmes qui se coulent.
L'âme satisfaite à son gré,
Le cœur en panne, depuis l'anormal
De se réjouir en pleine agonie malgré,
Ou de se guérir le corps qui fait encore mal.
Dans un miroir biface
Je cherche ce qui t'a fait partir,
Et si elle est moche ma face,
Pour toi je me donnais en martyr ,
Je risquais la torture et tout, de grâce
Que tu sois à moi, et que rien ne te retire.

Par ces écrits, que ma blessure puisse te parvenir
À l'unique objectif de te conscientiser,
Sans envisager que tu puisses me revenir
Tu as mis du feu, à ne plus attiser.

Car même ma charme ne peut t'aquerir ;

Et ma bonté ne peut plus te secourir ;

Et je ne veux non plus te voir...

Et plus jamais te percevoir,

Je ne suis plus esclave de tes soucis,

Il est temps que je me libère aussi.

Tu as fait vieillir ma jeunesse ;

Et mal orienté ma justesse ;

Sans bien pensé à mon cœur fendu;

Tu m'as déçu, à la tristesse tu m'as vendu.

Mon texte ne t'est pas une dédicace ;

C'est un résultat de mes pensées superflues

Mais qui me paraissent bien efficaces,

Car sauf ma dépouille, tu ne me verras plus !

Thème 3 : "

l'homme et ses relations en communauté, le principal meneur de la satire."

ALFRED Babiken Lepère, en casquette d'écrivain et poète, considéré comme un miroir de la société Congolaise ; il ne peut donc certainement pas faire abstrait aux comportements malsains qui demeurent dans sa société, le pourquoi même de ce terme plus aigu " satire " qui pour lui symbolise un regard méchant à ses pairs malfaiteurs.

" Pour cesser de clamer au désert,

L'âme engloutie dans l'Éternel plaisir,

Qui ses peines n'a point de dessert;

L'esprit déserte dans l'infernal désire

LE DEMAIN IMPORTUNÉ

Les sourires les plus vieilles prophéties,
Le monde rond, le voilà rempli des cons.
Voire les reves, les meilleures péripéties,
Tout biaisé d'erreur, esprit jadis fécond .

Ils disent : " les projets on les a trop faits
Jusqu'à nous accueillir les trophées,
Mais ce monde injuste et non parfait
Nous a tendu une pauvreté à parapher. "

Leurs forces ne se disent qu'aux souvenirs ,
Dans ce temps même de vache maigre.
Fortune épuisée, sans peu songer à l'avenir,
Oh ! Plus temps du sucre, alors du vinaigre !

Ils disent : " si demain la chance revenait
On s'y prendra fort sans trop deviner ,
Malheureusement on l'ignorait quand elle venait...
Demain à Dieu, le demain importuné !

Je m'inquiète de ces barbes blanches qui regrettent
Leurs jeunesses qu'ils ont mises en fumée.
Et à leurs portes, c'est la mort qui gratte
Mourir sans rien, après les aventures enflammées !

J'APPELE MES ANCÊTRES

J'appelle mon grand-père menuisier ;
Qu'il vienne me façonner une chaise
Confortable, sur laquelle je serai alaise,
Où se reposera ma progéniture qui pèse .
Je t'appelle, grand-père, toi qui fut menuisier !

J'appelle mon oncle maçon ;
Qu'il vienne construire pour moi
Une belle petite maison,
Où j'accueillerai les pauvres innocents
Qui souffrent sans raison ,
Où j'accueillerai les opprimés ,
Et où vivra la paix chaque saison.

Je t'appelle, oncle, toi qui fut menuisier !

J'appelle ma tante , une bonne cuisinière ;
Qu'elle fasse une sauce savoureuse ,
Pour cesser notre faim et soif du péché ,
Pour laver nos bouches menteuses .
Je t'appelle, oh tante qui fut cuisinière !

J'appelle mes arrières parents ;
Qui furent des divins Rois,
Qu'ils viennent renverser ce pouvoir ,
Ce pouvoir où l'argent est Maître.
Qu'ils viennent exterminer ces guerres ;
Et que tout redevient neutre,
Qu'ils viennent créer un royaume,
Un royaume où la paix devra naître.
Je vous appelle, venez instaurer une nouvelle loi !

PÉAN D'ALFRED

Pour cesser de clamer au désert,
L'âme engloutie dans l'Éternel plaisir
Qui ses peines n'a point de dessert,
L'esprit déserte dans l'infernal désire !

Pour arrêter de parler aux ragés ,
Ces belles phrases couvrant le bonheur,
Est mieux d'abord de les arranger,
Sans souci de leurs honneurs !

Pour se méfier de Dieu et sa parole,
Trouver un autre à qui se confier ,
Trouver celui qui jouera ses rôles,
En fin, païen, soyez en qualifiés !

Pour oublier les pis et mauvais souvenirs,
Faites dans vous une statue d'espoir,
Et pour mieux construire son avenir ,
Oublier le passé, même s'il vous sert de miroir !

Pour avoir une femme, il faut chercher ,

Entre elles trouver la bonne, il faut prier.

Pour fleurir, il faut d'abord sécher.

Pour se faire écouter, cesser de crier !

LES FILLES

Le cieux bouché à ciel ouvert

Par leurs larmes , elles ont trop souffert,

Ces anges corrompus jusqu'à la cheville,

Ces anges faciles, qui se nomment les filles.

Leurs voix douces et riches en mélodie,

Cœurs avares, prêts à aimer,

Amoureuses, et contentes de cette maladie,

Car elles en récoltent bien sans semer .

Toutes petites, elle ne pensent qu'aux roses.

Après construites, elles trouvent tout moroses .

Épouser grosse légumes, la vie en vitrine,

Enfin, les voilà coiffer la sainte Catherine.

Bien d'entre elles se livrent aux travaux,
Commerciaux, voire même champêtre.
Certaines se donnent à la débauche de haut niveau,
Certaines prieuses, s'adressant à nos ancêtres !

Elles sont bonnes et sont ce qu'elles sont,
Charmante, leurs charmes n'ont pas d'alarme.
Savent parler, leurs voix n'ont plus des sons,
Mes écrits s'engagent à essuyer leurs larmes !

ŒUVRE POSTHUME

Celle qui vient d'un père perdu ;
Seule, émane d'une paire suspendue.
Oui, elle souffre de cette affaire infertile;
Je vous assure, cet enfer est bien utile.

Cette fille à cœur confus et pendu;
Prête à se mourir, fait d'elle l'esprit infantile.
Cette fille à cœur touffu et mordu;
Près de sa mère, elle parait tranquille.

Elle subit l'apogée, le déclin en altération ;
Ceci blesse, cette peine en allitération.
Elle est joyeuse malgré sa joie minime;
Oui, elle choisit cette peine : âme intime !

Et même si ses larmes font sa ration ;
Aussi souffrir devient sa coutume ;
Même sa souffrance, thème de narration ;
Pour son père, elle est une œuvre posthume !

LE MAL

Vers un soir tout est fait
Mais pas tout à fait normal,
La prière du soir est aussi faite,
Même si elle est faite mal.

Je veux manger sans utiliser ma bouche,
Je veux boire, sans l'utiliser non plus.
Car mon ventre est carrément bouché,
Que ma tête n'accumule encore plus.

Vers un soir tout est fait
Sans que mon pouvoir participe,
Et avant que mon vouloir s'anticipe,
La prière du soir est aussi faite.
Malgré pas tout à fait normal;
Cuire sa tête d'une petite morale ;
Fuire l'homme et fréquenter un animal;
En suite refaire sa vie qui fut anormale ;
Même si elle est faite toujours mal...

LES APPÉTITS

Autre fois, j'avais des moindres appétits,
Moroses ils sont, à la fois petits.
À petit feu, j'attends qu'ils soient grandis,
Je suis faible, oui le monde l'a bien dit.

J'ai l'appétit de quitter cette terre ;
Remercier ma vie, pour enfin se taire ;
Partir pour du bon et ne revenir encore ;
Remercier mon âme qui souffrait dans mon corps.

J'ai l'appétit de vous nourrir de belles lettres ;
Vous servir d'exemple sans vraiment l'être ;
Construire vos vies et sans jamais exister ;
Une vie stable, que rien ne peut exciter !

J'ai l'appétit de façonner une chambre noire ;
Où restera ma femme qui est ma plume ;
J'ai l'appétit de valoriser l'homme noir ;
Qu'il luise la nuit comme la lune.

J'ai l'appétit de devenir fort un jour ;
Et non un petit flemmard pour toujours !

L'OSSATURE DE SA VIE

Les tôles en bas ,
Les mûrs en haut ...
Il a fuit la chaleur dans le feu ;
Sur lui, même le feu n'a aucun effet.
Il a fuit l'école pour faire sa vie,
Et voilà l'école de la vie lui est fatale.

Les tôles en bas,
Les mûrs en haut...
Il est bien menteur, malgré il est honnête.
Il est trop intelligent même s'il est bête.
Il raisonne mieux, même s'il n'a pas de tête.
Lui même fait son deuil comme la fête,
Il a fuit l'école pour faire sa vie,
Et voilà l'école de la vie lui est fatale.

Les tôles en bas,

Les mûrs en haut...

Loin de la terre il fait l'ossature de sa vie,

Loin de ses oreilles, très loin de sa vue,

Dans les rires impurs, demeure sa vie éternelle.

Pour les meilleurs et pires, près de sa femmelle.

Il a fuit l'école pour faire sa vie,

Et voilà l'école de la vie lui est fatale.

Les tôles en bas,

Les mûrs en haut...

Il a fuit l'école pour faire sa vie,

Et voilà l'école de la vie lui est fatale.

L'OUIE PERDUE

Pris dans les mains du seigneur,

Boycotté sous les pieds du meilleur;

Sans abris, sans papier, sans espoir

De la vie, au fin fond du couloir !

Mes pensées détournée à la fatalité ;

Mes atouts contournés, entourés de futilités.

Je vais sans fin écrire, sans plus écouter ;

Rire aux éclats, car je tend à périr

Par cette ouïe, à laquelle j'ai toujours douté ;

À laquelle mes dents ne vont jamais sourire !

Me voici situé dans un état mystique ;

Où je n'ecouterai plus les tintemares de vos voix;

Et , plus jamais ces belles musiques ;

Un état sans issu, où j'ai alors perdu ma voie !

Thème 4 : " la relation de l'homme avec les morts, la mort un chemin de tous. "

La poésie étant un art d'éduquer une masse d'homme, pour l'auteur, l'éducation de la mort compte aussi aux vivants, apprendre à l'homme qu'il est candidat à la mort et rien ne peut échapper à cet inévitable destin.

" Je suis enfermé dans un mouroir ,

Où je péris matin, midi et soir.

La mort m'a mis au centre de son couloir,

Telle la pauvre bête dans un abattoir ."

IN PETTO

Quand les yeux saignent sans raison
La colère gouverne sans limite,
La peur annonce un discours sans péroraison
Et le désespoir se brave aux zéniths !

Le cœur s'ouvre et déploie ses caprices,
Par douleur, il oublie ses amours .
Et voilà la poche qui reprend l'avarice,
Tout devient dur, et respirer devient lourd !

Et la mort s'annonce *in petto ;*
La confession se fait *ipso facto* .
On voit qu'on existe sans jamais vivre,
Et le passé on ne peut plus le revivre...

On ne sait plus ni pleurer, ni sourire ;
Même le soleil la journée, devient flou...
On se voit périr et rien ne peut secourir ,

Car c'est le temps de la mort qui se loue !

La musique congolaise ne fait plus la joie,
Bien qu'elle nous réjouissait en tristesse.
L'âme déserte , et l'esprit à la fois,
Le corps gît sans vie, en pleine détresse !

Et la mort se voit aux yeux de tous,
Éternel dégoût, au cœur la mousse ;
Adieu monsieur, adieu madame ;
Rendez-vous aux cieux, suivis des vos âmes !
enflammées !

UN TEMPS VIENDRA

Et bien, chaque chose a son temps ;
Je peux tout, sans l'oseille malgré,
Encore jeune, et l'âge avance pourtant
Je n'ai rien, et je désire vivre à mon gré !

Maintenant je peux tout produire à la main,
Cette chance, qui pourra ma fuir demain.
Je peux marcher à pied s'il le faut...
À cet âge, c'est possible de corriger mes défauts !
Je ne suis pas devin, mais un jour viendra :
Où je serai gardé tel un gamin,
Et pour marcher, il faudra me tenir la main.

Je ne suis pas devin, mais le temps viendra :
Où pour moi les femmes ne seront plus à la une,
D'ailleurs incapable de m'en procurer même une.

Je ne suis pas devin, mais un jour viendra :
Où je serai consulté trop par les plus jeunes,
Où j'aurai faim de mourir quand je déjeune .

Je ne suis pas devin, mais le temps viendra :
Où j'aurai le dégoût de continuer à vivre,
Et me paroles en vous, vont infiniment survivre !

ME PENDRE

Lorsque je me sens abandonner
Dans l'univers discret de distraits,
À cet esclavage je me suis donné
Tel un maître ne se libère de ses craies.
Lorsque je me sens pardonner
Même ces orientaux génocidaires,
Qui se sont proclamés désordonnés,
Faire la guerre, il s'en disent légendaires !

La nuit, un délicieux dégoût m'envahit...
Entre vivre et mourir, l'espoir cogne le malus,
Aimer ou haïr, même mon père m'a trahit,
Bien avant que mon étoile ne jaillisse.

Le matin, un nouvel espoir me saisi
J'espère à une vie carrément paradisiaque ;
Par le voix me disant : " Mon fils, allez-y "
Mais ne me réjouit dans ces peines magnifiques !

Lorsque je me vois couronné
Cette couronne épinée, creusant mon cerveau ;
Je contemple ma faible vie erronée,
Ouf ! Seule la mort vive m'équivaut.
Si je désire dissimuler, pour enfin oublier ;
Le fond s'alourdit, je préfère me publier ;
Me moudre, me rendre poudre, cendre ;
Me vendre à la mort, je désire me pendre !

JE VAIS AD PATRES

Au fond d'une fosse insonore
S'écrient mes lettres muettes ;
Je crois en une liberté inodore
Même si j'ai perdu ma silhouette.
Je ne suis voisin que du ténèbre;
Avec lui je me trouve éclairé ;
Qui me sortira de ce fond funèbre ;
Qui écoutera mes pleurs désespérés !

Je suis enfermé dans un mouroir
Où je péri matin, midi et soir ;
La mort m'a mis au centre de son couloir;
Telle la pauvre bête dans un abattoir.

Mon cœur dans la valise, esprit en panier
Car même la vie et sa bonté m'ont nié ;
Et la liberté m'a encore renié ;
M'a jeté dans ce four où je suis manié !

Je ne pense plus au monde,
D'ailleurs adieu, adieu ma plume.
Je repose bien ma pensée féconde ...
Moi je pars, il est temps qu'elle s'allume.
Elle parlera de ma vissicitudes
A ceux qui ne l'ont pas connu ;
Elle parlera des mes habitudes
À ce qui ne m'ont pas connu .

ALLER-RETOUR

Je reviens de ma tombe,
Remarier la fille qui m'a échappée.
Et j'y reviens avant que la nuit ne tombe,
Après l'avoir vue et l'avoir palpée .

Je reviens de mon point funèbre,
Récupérer mes fils qu'elle ne cesse d'étouffer.
Je rejoins ma pauvre vie de ténèbres,
Si pour rien, mon énergie ne serait bouffée !

Je préviens sans faute ma venue
Pour que nul ne soit surpris ;
De me voir encore chapeauter vos revenus
En mégestion de ces mauvais esprits.

Je reviens de ma tombe,
Remanier les mondes si longtemps colonisés.
J'ai hâte de regagner mon sincère immonde,
Après qu'en vous la paix soit conscientisée .

Je reviens de mon point funèbre,

Réconcilier tout homme et tout l'homme ;

Sans être lumière ni ténèbre;

Sans me déguiser en homme ou en femme.

Je préviens sans faute ma venue ;

Préparez vos comportements bien cuits.

Je reconstitue ma tombe dans vos avenues ;

À fin de vous espionner jours et nuits !

LES CRIS POÉTIQUES

Ma fin brille dans le noir

Loin des hommes s'inclinant aux statues;

Loin de ces païens, ces chrétiens têtus ;

Je suis Congolais, je ne suis pas Juif .

Je mourai oui, amateur de Ferre Gola ;

Amateur de sa voix, de ses nuances ;

Ma carrière dédiée à sa jouissance ;

Et se reposera mon âme dans une pergola !

Je mourai bien, amoureux de lettres ;
Celles de Babiken Lepère, ses cris poétiques ;
Prouvant son départ précoce et pathétique ;
Il survivait cadavre avant de l'être !

Ces cris poétiques annonceront mon départ ;
Vers un lieu désert, où rien ne pousse,
Où la souffrance ne me fera aucune secousse,
Où de votre part, j'aurai des souvenirs épars !

Mes lettres, si elles crieront à ma place,
Interdire de se mêler à mon aller de rage ,
Et laisser aux faibles le temps qu'ils s'arrangent,
Et enfin que seul Babiken lefils ne me remplace !

Je me reposerai sur les eaux douces et calmes,
Dans les rizières où souffle trop le vent.
Sans y bouger du soir au soleil levant ,
Dans un trou ténébreux couvert de palmes !

Thème 5 : " l'homme et la divinité "

" Faisons l'homme à notre image." Dieu se donna la peine se créer l'homme à qui responsabiliser ses multiples créatures. Rien ne pourra nous caractériser, si pas l'ingratitude, au cas où nous perdrions cette reconnaissance face à notre créateur ; louons-le !

" Car tu es le roi, le bon Dieu à jamais ;
Car tu es maître de la terre et ce qui s'y trouve ;
Car tu es grand et toujours tu nous le prouve ;
Car tu es Dieu, je te louerai à jamais ! "

JE TE LOUERAI À JAMAIS

Éternel, reçois la gloire de mes actes;
Reçois ces adorations de ma bouche
Car vivre avec toi n'a des pis impacts ;
Tu es ma protection et quand je me couche !

Oh ! Éternel Dieu des armées, combats pour ma vie
Mise dans le ténèbrc par mes ennemis ;
Dieu, perfectionne les chemins de ma vie
Que je ne suive que toi, toi mon bel ami !

Et si ma bouche refusera de te louer ;
Alors, mes mains ne cesseront de t'acclamer.
Et si ton existence , l'athée arrive à avouer ;
À fortiori moi, pourquoi ne pas te proclamer !

Car j'ai vu en toi un ami intime et fidèle ;
Car j'ai vu en toi mon refuge éternel ;
Car en désespoir tu me nourris de ton miel ;
Car avec toi je serai pour toujours au ciel !

Et même si les saints oublient ton nom ;

Je ne cesserai non plus de le soulever ;

Et bien que les méchants se cachent en ton nom ;

Tu reste digne, à te face rien ne peut se relever !

Car tu es le bon Dieu à jamais ;

Car tu es maître de la terre et ce qui s'y trouve ;

Car tu es grand et toujours tu nous le prouve ;

Car tu es Dieu, je te louerai à jamais !

OH YAHVÉ !

Au coin de ma petite fenêtre

Je contemple cette belle nature.

Au point de mes pensées funèbres

Je vois, le Dieu créateur, bien mature .

Il n'a rien créé de mal ou de bête ;

Tout bien ordonné, toute chose à sa place.

Il n'a rien fait de deuil ou soit de fête ,

Il a vraiment travaillé, sans qu'il se lasse !

Parfois je m'imagine sa bonté, sa grandeur ;
Je me trouve petit dans mes gros souliers.
Si je me rappelle qu'il est un bon faiseur ;
Je me vois un sans-papiers, un petit écolier !

Quand je vois les oiseaux chanter sa gloire ;
Quand je vois les plantes bouger pour l'adorer ;
Lorsque je vois les pauvres, en Dieu nourris d'espoir ;
Lorsque j'entends même les riches entrain de l'honorer ;
Je me dis : " Qu'il est temps de me repentir
Et remettre tous mes péchés sans mentir ;
Il est temps de me convertir
Sans tarder, aux yeux du monde je me retire. "

Et si je m'imagine sa bonté , sa grandeur ;
Je me trouve trop petit dans mes gros souliers.
Si je me rappelle qu'il est un bon faiseur ;
Je me vois un sans-papiers, un petit écolier ;
Parce que, tu es seigneur , bon Dieu, oh Yahvé !

SOIS CHRÉTIEN

Pour un retour ferme et final ;
Vers la foi ancienne, des anciens .
Nécessite se convertir en un animal ;
Qui n'a aucun souvenir de ses siens .

Pour cesser de vivre après sa mort ;
Cesser de croire à Dieu, à sa parole...
Vous serez coincés dans les ténébreux remords ;
Vous serez éliminés tous, à tour de rôle !

Le corps meurt, l'âme expire ;
Et la vie disparue ne peut plus revenir.
Sois chrétien, tant bien que tu respires ;
Le monde te trahira sans aucun de ses souvenirs !

Seule sa bonté, ses faits m'inspirent ;
Cela me donne foi, d'un jour lui parvenir.
Sans succomber face aux meilleurs et pires ;
Je lui verrai, si toujours j'arrive à tenir !

Pour un retour ferme et final ;
Cesser de croire à Dieu, à sa parole ;
Nécessite se convertir en un animal ;
Vous serez éliminés tous, à tour de rôle !

JE L'AI CHERCHÉ

Même les voix intérieures vociferent
Son nom, même partout parmi les êtres
Vivants au ciel, sur la terre, en enfer ;
L'on ignore, même si sa gloire nous pénètre !

Je me dispute face à cette inquiétude :
De voir cet homme qui m'a créé ;
Me rassurer s'il est vivant ou raillé ;
Me voici plongé dans une incertitude !

Partout au monde, on parle des faits ;
Même ces incrédules, bien qu'ils s'en moquent ;
Même ces païens, s'éloignant de ses bienfaits ;

Ces athées, que l'amour de Dieu ne remorque !

Dans les trous infertiles, je l'ai cherché ;
Sans espérer même de le trouver ;
Il m'a retrouvé, et son amour il m'a prouvé .
Je l'ai cherché, en ces hommes qui m'ont prêché !

Je l'ai cherché dans les vallées et montagnes ;
J'ai piétiné toutes les villes et campagnes ;
Je l'ai manqué dans ces endroits épelés...
Et plutôt dans mon cœur, sa voix m'appelait !

Thème 6 : " un poète, homme à meilleure vocation. "

Dans ce thème stratégique, l'auteur ne s'est pas réservé de mettre en vedette sa vocation, sa vocation poétique. Un poète est un exemplaire plus exacte de Dieu, il sait corriger les erreurs à travers ses écrits et éduquer les hommes à travers même ses écrits.

" J'écris pour empêcher mon âme de souffrir ;

J'écris pour dévoiler mon moi et ma nature ;

J'écris pour me blâmer, non pour me suffire ;

Je rêve grand, j'écris pour devenir mature ! "

ART TENDRE

Et voilà les anges sont tous partis ;
Et les grosses légumes ont disparus ;
La crise a repris ses anciennes parties ;
Et revoilà la famine qui réapparut !

Ouf ! Ils ont abdiqué à la bière
Tous ceux-là se faisant en éméchés ;
Nos mères foncent toujours à la prière
Malgré cet autre air qui sent le péché !

Ah ! Ils ont cessé de s'aimer
Le jardin d'amour tarit, l'arrosoir vidé.
Le soleil sécha leurs graines semées,
La crise chasse l'amour, l'amour évadé !

Les oiseaux ne chantent plus le matin ;
Peut-être leurs guitares n'ont plus des fils .
Ils ont fuit l'arbre qui fut leur strapontin ;
La crise les chassa, vers la forêt ils s'enfilent !

Toute activité cesse d'exister ;
Sauf la poésie, toujours intarissable.
En ce moment les dons-juans manquent qui exciter ;
La poésie en a nombreux que les grains de sables !

La poésie une ambiance éternelle ;
Réjouissant le cœur d'un esclave ;
Essuyant les larmes maternelles ;
Débloquant le bonheur dans ses entraves ;
Poésie, art tendre, à rien ne peut se vendre !

J'ECRIS

L'homme idéal reconnais ses avoirs ;
Et moi, j'ai découvert mon alternative ;
Elle n'est pas la recherche d'un pouvoir ;
Moins encore de la richesse dative.
Je désire peu parler et trop écrire ;
Beaucoup pleurer et peu sourire.
Je préfère manger mais toujours maigrir ;

Parfois changer mais sans le découvrir !

Mes écrits parlent mieux que ma bouche ;
Plus mieux d'ailleurs que mon regard.
Ils parlent mieux que ma poche ;
Vide et trouée, n'attire personne à mon égard !

J'écris pour empêcher mon âme bde souffrir ;
J'écris pour dévoiler mon moi et ma nature;
J'écris pour me blâmer , non pour me suffire ;
Je rêve grand, j'écris pour devenir mature !

J'écris pour fuir les normes de la sainteté
Et créer en moi un statut de liberté.
J'écris pour prôner la paix, l'égalité
Et briser ses armes qui détruisent la fraternité.

J'écris pour que ma voix ne puisse bruire ;
Et j'écris sans envie de vous séduire !

JE SUIS CHARGÉ

Ce fardeau, lequel je suis chargé ;

Au dos, au cerveau, pour l'éternité

Me tient au cœur, sans me changer,

Depuis cette vie m'accorder à la maternité.

L'on m'a dit de mieux me comporter,

Car je suis miroir de toute la nation ;

Et sur ma tête je dois la supporter

Jusqu'à ma mort, jusqu'à mon inhumation !

Ceci me fait courir à plusieurs dangers ;

Dangers assumés pour sauver l'humanité ;

Cela ne m'empêche de m'en engager ;

Un poète, un fruit mûr de la sainteté.

Je suis chargé de faire revenir ces âmes emportées ;

Emportées par la haine et la discrimination.

Je suis engagé à bien me comporter ;

Miroir du peuple, prouvé par mes inclinations.

Ce fardeau, lequel je suis chargé ;
Ceci me fait courir à plusieurs dangers .
Je suis chargé de faire revenir ces âmes perdues ;
Un poète, un fruit mûr de la sainteté !

UN POÈTE, UN PLAIDANT

Le monde des idées a fermé ses portes,
Plus besoin d'être peuplé par les muets ;
Ou même par ces mous de toutes sortes
Car sa vocation est alors bien remuée !

Tel que Dieu parle aux prophètes ,
Il parle aussi mieux aux poètes...
D'ailleurs plus mieux à ces derniers
Car c'est eux qui ont crus en premier !

Un poète, un plaidant
Qui défend les droits des minoritaires
Même quand le Régime parait mordant,

Même quand il se fait très libertaire .

Un poète, un bon parlant
Qui lève sa voix pour les opprimés,
Pour ces innocents incarcérés, beuglants ,
Pour les pauvres, pours les réprimés !

Un poète, un éloquent
Sa douceur fait taire les armes,
Quand les cris des balles sont suffocants,
Sa voix cesse le feu et essuie les larmes...

Un poète, un petit saint
Par lui le monde est éclairé,
À travers lui, Dieu lave les malsains ,
Avec lui, la lumière même est éclairée !

MADEMOISELLE LA PAIX

Bien que tes souvenirs nous créent des maux,
Cela ne peut nous tenir, de vous dédier ces derniers mots.
C'est sûr que tout ceci ne peut assouvir
Cette Envie de te voir un jour revenir...

Qui t'avait déçu, pour qu'en fin tu puisses partir !
Encore à notre insu, et sans nous y faire participer.
Nos écrits t'appellent, en ton nom, mademoiselle la paix.
Au retour on t'interpelle, oui sans plus t'en retenir.

Ton nom, mon stylographe veut à tout prix écrire,
Te croyant retourner, pour changer nos pleurs en rires.
Seul ton nom, l'orthographe n'a mis au pluriel,
Unique, avec toi un jour compte des heures semestrielles.
Reviens, et le monde ne fera plus sombre.
Reviens, que l'on puisse s'accaparer de ton ombre.
Parle, que nous sussions que tu es toujours vivante.
Parle, que nous sucions encore cette vie amère, mourante !

Veux-tu quel délai, pour qu'en fin nos larmes te motivent ?

Veux-tu venir à pied, en avion, ou en quelle locomotive ?

Ou s'il te va, que l'on puisse te tisser des ailes

Pour que tu reviennes, paix, reviens mademoiselle !

Table des matières

PRÉAMBULE 2

Thème 1 : " l'homme et la nature, son entourage et ses défis qui relèvent du travail. " 3

DE LOIN OU DE PRÈS 4

CETTE AFFAIRE 5

SA VRAIE VERSION 6

LE DEROULER 8

SUR LES EAUX 9

HOMME À DÉCOUVRIR 10

Thème 2 : " l'homme et ses sentiments d'amour et d'amitié. " 12

PARLEZ-MOI D'ANITA 13

CET AUTRE AMOUR 14

SON SIMON 16

ELLE ET MOI 17

CE FLÉAU 18

DITES À FIDÈLE 19

MA MÉLANIE 21

MES REMORDS 23

Thème 3 : " l'homme et ses relations en communauté, le principal meneur de la satire." 25

LE DEMAIN IMPORTUNÉ 26

J'APPELE MES ANCÊTRES 27

PÉAN D'ALFRED 29

LES FILLES 30

ŒUVRE POSTHUME..31

LE MAL 33

LES APPÉTITS 34

L'OSSATURE DE SA VIE..35

L'OUIE PERDUE 36

Thème 4 : " la relation de l'homme avec les morts, la mort un chemin de tous. " 38

IN PETTO 39

UN TEMPS VIENDRA 40

ME PENDRE 42

JE VAIS AD PATRES..43

ALLER-RETOUR 45

LES CRIS POÉTIQUES..46

Thème 5 : " l'homme et la divinité " 48

JE TE LOUERAI À JAMAIS..49

OH YAHVÉ !..50

SOIS CHRÉTIEN 52

JE L'AI CHERCHÉ..53

Thème 6 : " un poète, homme à meilleure vocation. "..55

ART TENDRE..56

J'ECRIS 57

JE SUIS CHARGÉ..59

UN POÈTE, UN PLAIDANT..60

MADEMOISELLE LA PAIX 62

Table des matières..64

I want morebooks!

Buy your books fast and straightforward online - at one of world's fastest growing online book stores! Environmentally sound due to Print-on-Demand technologies.

Buy your books online at
www.morebooks.shop

Achetez vos livres en ligne, vite et bien, sur l'une des librairies en ligne les plus performantes au monde!
En protégeant nos ressources et notre environnement grâce à l'impression à la demande.

La librairie en ligne pour acheter plus vite
www.morebooks.shop

Printed by Books on Demand GmbH, Norderstedt / Germany